BLAZERS
Bilingüe/Bilingual

VEHÍCULOS MILITARES/
MILITARY VEHICLES

AVIONES ESPÍA de la FUERZA AÉREA de EE.UU./

U.S. AIR FORCE SPY PLANES

por/by Carrie A. Braulick

Consultora de Lectura/Reading Consultant:
Barbara J. Fox
Especialista en Lectura/Reading Specialist
Universidad del Estado de Carolina del Norte/
North Carolina State University

Capstone press

Mankato, Minnesota

Blazers is published by Capstone Press,
151 Good Counsel Drive, P.O. Box 669, Mankato, Minnesota 56002.
www.capstonepress.com

Library of Congress Cataloging-in-Publication Data
Braulick, Carrie A., 1975–
   [U.S. Air Force spy planes. Spanish & English]
   Aviones espía de la Fuerza Aérea EE.UU./por Carrie A. Braulick =
U.S. Air Force spy planes/by Carrie A. Braulick.
   p. cm.—(Blazers—vehículos militares = Blazers—military vehicles)
   Summary: "Describes spy planes, their design, equipment, weapons, crew,
missions, and role in the U.S. Air Force"—Provided by publisher.
   Includes index.
   ISBN-13: 978-0-7368-7740-4 (hardcover)
   ISBN-10: 0-7368-7740-1 (hardcover)
   1. Reconnaissance aircraft—United States—Juvenile literature. 2. United States.
Air Force—Juvenile literature. I. Title.
UG1242.R4B7318 2007
623.74'670973—dc22   2006026844

Editorial Credits
Martha E. H. Rustad, editor; Thomas Emery, designer; Jo Miller,
   photo researcher/photo editor; Strictly Spanish, translation services;
   Saferock USA, LLC, production services

Photo Credits
Check Six/Brian Shul, 8; George Hall, 4–5, 28–29
DVIC/Master Sgt. Rose Reynolds, 10–11; SSGT Jeffrey A. Wolfe, 26–27 (top);
   SSGT Suzanne M. Jenkins, 20–21
Photo by Ted Carlson/Fotodynamics, cover, 6–7, 18, 22–23, 26–27 (bottom)
U.S. Air Force photo, 19; Airman 1st Class Brandi Branch, 24–25; Capt. John
   Sheets, 13 (top); Master Sgt. Deb Smith, 9 (top); Master Sgt. Rob Valenca,
   15; Senior Airman Shaun Emery, 9 (bottom); Staff Sgt. Cohen Young, 13
   (bottom); Staff Sgt. Matthew Hannen, 14; Staff Sgt. Suzanne M. Jenkins,
   16–17

**Capstone Press thanks Dr. Ray Puffer, Historian, Edwards Air Force Base,
   for his assistance with this book.**

1 2 3 4 5 6 12 11 10 09 08 07

TABLE OF CONTENTS

TABLA DE CONTENIDOS

AIR FORCE SPY PLANES

Enemies of the United States think they have a lot of secrets. But they don't know when a U.S. Air Force spy plane is flying over and watching them.

AVIONES ESPÍA DE LA FUERZA AÉREA

Los enemigos de Estados Unidos piensan que tienen muchos secretos. Pero no saben cuando hay un avión espía de la Fuerza Aérea de EE.UU. sobrevolándolos y observándolos a ellos.

Spy planes keep track of enemies day and night. They fly missions over faraway countries.

Los aviones espía vigilan a los enemigos de día y de noche. Realizan misiones de vuelo sobre países lejanos.

The main Air Force spy plane is the U-2. The Predator also goes on spying missions. This small plane has no pilot inside. Crews on the ground use controls to fly the Predator.

El principal avión espía de la Fuerza Aérea es el U-2. El Predator también realiza misiones de espionaje. Este pequeño avión no lleva un piloto dentro. Hay tripulaciones en tierra que usan controles para hacer volar al Predator.

U-2 SPY PLANE/AVIÓN ESPÍA U-2

PREDATOR/PREDATOR

PREDATOR GROUND CONTROL STATION/
ESTACIÓN DE CONTROL EN TIERRA DEL PREDATOR

★ ★ ★ ★ ★ ★

9

DESIGN

Spy planes fly high to stay
safe from enemy weapons. The
lightweight body of the U-2 flies
up to 15 miles (24 kilometers)
above the ground.

DISEÑO

Los aviones espía vuelan alto
para mantenerse a salvo de las
armas enemigas. El ligero cuerpo
del U-2 vuela hasta a 15 millas
(24 kilómetros) por encima de
la tierra.

Spy planes carry some of the best cameras ever made. U-2 cameras take photos from up to 100 miles (160 kilometers) away. Predators carry cameras that even work in the dark.

Los aviones espía llevan algunas de las mejores cámaras que existen. Las cámaras del U-2 toman fotos de objetos que están hasta a 100 millas (160 kilómetros) de distancia. Los aviones Predator llevan cámaras que funcionan incluso en la oscuridad.

BLAZER FACT

The Predator was built in 1994. It was the Air Force's first unmanned spy plane. By using the Predator, pilots stay safe from enemy weapons.

DATO BLAZER

El Predator fue construido en 1994. Fue el primer avión espía de la Fuerza Aérea sin tripulación a bordo. Usando el Predator, los pilotos se quedan a salvo de las armas enemigas.

CAMERAS/
CÁMARAS

U-2s have powerful engines that need a lot of fuel to keep running. The engines keep the planes in the air for their long missions. Predators have smaller engines that use less fuel.

Los aviones U-2 tienen potentes motores que necesitan mucho combustible para funcionar. Los motores mantienen a los aviones en el aire para sus misiones más largas. Los aviones Predator tienen motores más pequeños que usan menos combustible.

WEAPONS AND EQUIPMENT

U-2s don't carry weapons. But Predators can carry powerful missiles. These missiles blast holes in strong enemy vehicles.

ARMAMENTO Y EQUIPO

Los aviones U-2 no llevan armas. Pero los aviones Predator pueden llevar a bordo poderosos misiles. Estos misiles perforan con explosiones los vehículos enemigos.

MISSILE/MISIL

Controls and screens fill the U-2 cockpit. Pilots watch display screens to see objects in the sky around them, especially at night.

La cabina de vuelo del U-2 está rodeada de controles y pantallas. Los pilotos observan las pantallas para ver objetos que están a su alrededor en el cielo, especialmente en la noche.

DISPLAY SCREEN/PANTALLA

BLAZER FACT

Pilots use information from the U-2 radar to make detailed maps of the mission area.

DATO BLAZER

Los pilotos usan información del radar del U-2 para hacer mapas detallados del área de la misión.

Spy plane sensors work with satellite systems. The sensors send pictures to people in the control center. The pictures arrive in less time than it takes to snap your fingers!

Los sensores de los aviones espía funcionan con sistemas satelitales. Los sensores envían imágenes a las personas que están en el centro de control. ¡Las imágenes llegan en menos tiempo del que tardas en tronar los dedos!

U-2 DIAGRAM/DIAGRAMA DE UN AVIÓN U-2

WING/ALA

TAIL/COLA

COCKPIT/CABINA

NOSE/NARIZ

FUEL TANK/TANQUE
DE COMBUSTIBLE

Eyes in the Sky

The higher planes fly, the harder it is for pilots to breathe. U-2 pilots wear pressure suits. The oxygen that is pumped into the suits helps pilots breathe while in thin air.

Ojos en el Cielo

Mientras más alto vuelen los aviones, más difícil es para los pilotos respirar. Los pilotos de los aviones U-2 usan trajes presurizados. El oxígeno que se bombea a los trajes ayuda a los pilotos a respirar en el aire de alturas elevadas.

★ ★ ★ ★ ★ ★

Spy planes give information to the military to help them make good decisions. With each new photo, there is another chance to stop enemies in their tracks.

Los aviones espía dan información al Ejército que los ayuda a tomar buenas decisiones. Con cada nueva fotografía que se toma, hay una nueva oportunidad de detener al enemigo.

BLAZER FACT

Pilots fly U-2s over areas hurt by earthquakes, floods, and other natural disasters. These missions help rescuers find injured people.

DATO BLAZER

Los pilotos vuelan los aviones U-2 sobre áreas afectadas por terremotos, inundaciones y otros desastres naturales. Estas misiones ayudan a los rescatistas a encontrar personas heridas.

ON GUARD!/
¡EN GUARDIA!

GLOSSARY

missile—an explosive weapon that can travel long distances

mission—a military task

oxygen—a colorless gas in the air; humans and animals need oxygen to breathe.

pressure suit—clothing worn by pilots to protect them when they fly very high

satellite system—equipment that gathers data from instruments that orbit the earth

sensor—an instrument that can detect changes and send the information to a controlling device

unmanned plane—a flying vehicle that carries no people and is controlled from the ground

INTERNET SITES

FactHound offers a safe, fun way to find Internet sites related to this book. All of the sites on FactHound have been researched by our staff.

Here's how:

1. Visit *www.facthound.com*
2. Choose your grade level.
3. Type in this book ID **0736877401** for age-appropriate sites. You may also browse subjects by clicking on letters, or by clicking on pictures and words.
4. Click on the **Fetch It** button.

FactHound will fetch the best sites for you!

GLOSARIO

el avión sin tripulación a bordo—un vehículo volador que no lleva personas y que es controlado desde la tierra

el misil—un arma explosiva que puede recorrer grandes distancias

la misión—una tarea militar

el oxígeno—un gas incoloro que existe en el aire; los seres humanos y los animales necesitan oxígeno para respirar.

el sensor—un instrumento que puede detectar cambios y enviar información a un aparato de control

el sistema satelital—equipo que recolecta datos de instrumentos que rodean la tierra

el traje presurizado—la ropa que usan los pilotos para protegerse cuando vuelan muy alto

SITIOS DE INTERNET

FactHound proporciona una manera divertida y segura de encontrar sitios de Internet relacionados con este libro. Nuestro personal ha investigado todos los sitios de FactHound. Es posible que los sitios no estén en español.

Se hace así:

1. Visita *www.facthound.com*
2. Elige tu grado escolar.
3. Introduce este código especial **0736877401** para ver sitios apropiados según tu edad, o usa una palabra relacionada con este libro para hacer una búsqueda general.
4. Haz clic en el botón **Fetch It.**

¡FactHound buscará los mejores sitios para ti!

INDEX

ÍNDICE